초가의 뜰

초가의 뜰

이원문 시집

책나무출판사

목차

1부

2부

3부

4부

• 1부 •

구름의 양지

구름 따르는 그 옛날
먼 산위에 머물고
이 마음 저 마음
구름이 거둬간다

봄날에 되 돌아 보는
실가닥의 그 옛날
마음 거둬 가는 구름
옛날은 못 거두나

가느란 먼 옛날
연줄에 매달리고
해 기울어 저문 시간
석양에 잠든다

장터길의 노을

이리 보면 이렇고
저리 보면 저런 길
샛길에 큰 신장로
보리밭 나부끼고

계란 깨질까
조심스러운 길
어머니의 굴 양재기에
순대국 꿈 담겨 있다

부푼 꿈의 장터 길
다리 아프다 말 못한 길
투정 하면 다음부터
어머니가 같이 갈까

무거운 계란 꾸러미
천리의 장터 길
엿가위 장단 약 장수 입담
뱀 장수의 그 뱀까지

꿈 이룬 순대국밥
다음이 또 언제 될까
어느새 해 기울어
뒷산 길 저문다

방앗간의 봄

왕겨간 참새 떼의 기웃
사람의 마음도 한 번쯤
가을 아닌 봄 방앗간
문 닫혀 썰렁하고

어쩌다 방아 찧는
봄 방아 찧는 집
그 곡간에 찧을 벼가
얼마나 남았을까

부럽기도 부러운 집
머슴 아저씨 바쁘고
쌀 싣은 우마차
먼 발치서 다가온다

봄 나들이

초봄이 언제였더냐
사월도 중순 넘어
오월이 가깝고
시드는 사월의 꽃
그 향기 잦아든다

차창 밖 파란 세상
하늘은 안 그럴까
보이는 들녘 마다
농사 짓는 모습들
나 어제의 저런 모습

나는 안 그랬을까
그 비탈밭의 기억
조용히 떠 오르고
회상 속 그날의 봄
한 두해씩 스쳐간다

송홧가루 언덕

기슭 마다 누런히
허공의 송홧가루
산자락의 보리밭
그 언저리도 누랬다

안 날렸던 송홧가루
점심 나절 이맘때
배고픈 그맘때면
그리 날려야 했는지

송홧가루 털어 대는
한 차례의 그 바람
들녘은 안 불을까

보리밭 안은 그 바람

오디 꽃의 보릿고개
그 아이 눈의 그 언덕
누런히 누런 세상
하늘도 누랬다

뽕밭 위의 그 뻐꾸기
오디 매달면 찾았을까
송깃 홅는 그 아이들
하루가 저물었다

석양의 하늘

하루 한 해의 일년만 저무는 줄 알았는데
지나 보니 먼 훗날 그 먼 훗날도 저무는 것을
꿈 많은 그 많은 날 나 어디에서 무엇 했나
몇 십년 전 그 하루 사진 몇 장으로 짚어 보니
희미한 회상에 너무 부끄럽다

그나마 점박이 추억으로 위안이 될까
그 추억도 흐지 부지 잊혀지고 지워지고
남은 앞날 어서 가자 바삐 몰아 세운다
아니 갈 것도 아니 것만 그리 몰아 세우는지
시간이 모자라 그리 몰아 세우나

짧은 앞날 가는 길 꽃은 그만두더라도
돌아 보는 그 많던 날 몇몇 사람이나 그려 볼까
은혜에 고마운 사람 서운함에 미운 사람
이제 그 미움 지우고 은혜에 보답 해야 하는데
시간이 시간 없다 하니 어떻게 변명 할까

고마운 은혜 그리고 지워야 할 서운함들
그 많은 날 지나 오며 나의 잘못이 왜 없었겠나

헤아려 주지 못한 사연에 헤아려 준 사연
담아야 할 고마움에 버려야 할 서운함인가
그 은혜 잊지 않고 서운함은 모두 거둬 강물에 띄우련다

갯벌의 봄

드러난 이 갯벌 끝이 어디인가
먼 바다 가물 가물 밀물 들어오는 것 같고
딛어 띠는 발걸음 더 빠져든다
얼마나 더 얼마만큼 더 딛어 돌아올까

갯벌에 숨은 조개 무엇부터 잡아야 하고
바지락 캐다 보면 갯지렁이 칡게 농게 팡게
고요한 갯벌 바람 더 거세지니
내려앉은 하늘 위 허연 구름 몰려온다

오늘은 바지락부터 캐야 하는 날
밀물 들어오면 어쩌나 욕심의 이 갯벌
내일은 바위 찾아 굴 쪼는 날
어느새 미는 밀물 갈매기 앞세운다

외로운 기다림

외로이 피어 있는
음지녘의 작은 꽃
무심코 지나는 이
언제 또 지나갈까

비 내리면 그 다음
그 다음 날이 될까
짧은 양지 긴 석양
그 하루가 저문다

동무의 봄

동무야 기억 나니
우리 어려서 무엇이든
나는 너에게 너 또한 나에게
무엇을 묻고 안 물을 것이 있을까
시골뜨기 너와 나 우리 둘이 그랬잖니

그 세월에 가려진
그날들의 쓰디 쓴 교훈
들리는 소리 눈 안의 그것들
어디에 묻어 두고 어떻게 지냈니
나 그곳에 와 있어 너와 나의 그 산마루

성황당 길

먼 산 꼭데기의 흰 구름
저 구름 흘러가면 어디로 가나
성황당 길 이 꽃은 누구를 보라 피었고

저마다 예쁜 꽃 보라의 제비꽃
민들레의 그 기다림 저 구름 다시 올까
구름의 제비꽃 다음 날 다시 필까

민들레의 흰 구름 흰 구름의 제비꽃
제비꽃의 구름일까 민들레의 구름 될까
뒤 안 보고 떠난 구름 기약이 없다

일생의 고향

버려야 할 세월인가
꿈 같은 세상
앞을 바라보니
지팡이 부끄럽고

보는 뒷날 그 잠깐
거울이 부끄럽다
마음은 아니면서
큰 소리 치던날

이제 누가 믿고
누가 알아 주겠나
못 내리고 짊어진 짐
더 무겁게 짓누르니

그래도 깨닫지 못한
그 시간의 욕심인가
그림자 밟는 마음
하루가 더 짧다

샛길

고향의 꽃 그 많은 꽃
그 흔한 우리의 꽃 다 어디 갔나
기쁠때 눈물일때 함께 했던 우리의 꽃
냇둑 길 밭둑 언저리 어디인들 안 피어었나
늘 보던 우리의 꽃 철 따라 피는 꽃
가슴 속에 새겨져 마지막까지 보았던 꽃
이름도 우리의 말 그 이름이 아니었나

크지 않던 작은 꽃 가슴에 새겨진 꽃
밤이면 달에 담고 별에 넣지 않았나
구름 위에 얹어 머무는 곳에 심었고
타향 살이에 고향 그리워 힘들때 보던 꽃
마당 끝 뜨락 한곳 그 울 밑까지
이제 못 보아야 할 잃어버린 꽃 되었나
그 이름 불러보고 또 그리워 찾는다

그림자의 달

시간 앞에 안 깎이고
안 무너질 세월 있나

없어야 하는 나이도
원점으로 깎일 것을

노을의 바다

그리움 담아
다시 찾는 고향
누가 이 바다를
얼마나 다녀 갔다 할까

자랐어도 새롭고
들었어도 새로운 소리
보이는 눈 안의 것은
왜 그리 멀어져만 가는지

놀던 모래뭇
누룽지의 기다림
어머니의 굴 바구니
그 바구니의 기다림일까

찾아도 들어도
변함 없는 그날
돌아 서며 다시 한 번
그 옛날을 그린다

보리밭의 오월

길고 긴 보릿고개
그 멀었던 보릿고개
송홧가루 뿌린 바람
다시 거둬 산 넘었나

나부끼던 보리밭
해 기울어 저물었고
송깃 훑던 아이들
산에서 내려 왔다

허기에 시커먼 손
송진 묻어 끈끈한 손
누가 나는 아니었고
그랬었다 할까

털어놓는 옛 이야기
부끄럽던 시절
이야기 속 그 마음
지금도 흉이 될까

아련한 보릿고개
구름 따라 산 넘고
오월의 그 바람
뼈 마디에 스며든다

산사의 오월

연두빛 기슭
산사의 아침
천 년의 그 물소리
찾는 새가 듣는가

바람의 풍경 소리
달빛 어린 밤
만 년의 그 소리
구름이 듣고 넘나

법당의 뜰
불경 읽는 소리
오늘도 그 소리
넘는 해에 얹는다

송홧가루의 일기

마당 끝 노란히
고인 물 위 띠 두르고
저녁바람 쓸쓸히
구름 거둬 산 넘는다

내린 비에 쓸린
떠 밀린 송홧가루
보리밭 씻어낸
그 송홧가루일까

허기의 저녁바람
보리밭 잠 재우고
서산 위 저녁노을
날 저물어 춥다

고향의 오월

논으로 밭으로
하루가 짧은 오월
산자락의 보리밭
바람에 나부낀다

이맘때 오월이면
씨앗에 모종이라
그 짧은 아침 저녁
고향의 오월인가

아카시아꽃 향기
밭으로 내려오고
논갈이의 논으로
송홧가루 날린다

어린이의 노을

입은 옷에 가진 것 그리고 쥔 것
면소 앞 이발소 찾아 깎은 머리에 그 고무신
파란 하늘 그 잠깐 저 저녁 노을에
그 어린이의 그 꿈이 더 아름답게 물들어 갔던가

여자 아이 허리에 사내놈 어깨의 그 책보자기
쇠필통 딸깍 딸깍 뛸 수록 더 흔들렸고
양은 변또의 깍뚜기 반찬 그 빨건 국물 흐를때
그 변또 마저 못 싸와 굶는 친구도 있었다

집에 오면 쇠풀 베어 쇠죽 쒀야 했고
누이 동생 여자는 보리쌀 앉힌 밥솥에 불때야 했다
바쁜 어른들의 눈치 보며 꽁보리밥이 저녁 끼니였던 날
등잔불 밑 밀린 숙제에 연필 쥐고 그렇게 잠들었다

• 2부 •

엄마의 마음

한글 짧은 이 에미
너희 어서 생겨났니
누가 길러 주어
그리 글이 길었고

내 아들 딸들아
잊었다 하는 너희 기억
에미 기억만으로도
모두 대견 하구나

이제 에미 늙었어
무엇을 바라겠니
에미만이 아는 그날
아프지만 말아다오

새로운 발견

등산이라 하며 오른 산
높은 산 꼭데기에 오르니
내려 보이는 저 많은 것
저 것이 다 무엇인가
멀리 가까이 높고 낮은 흐린 집

저 들녘이었던 곳 골짜기 마다
허연 집들로 가득하고
먼 곳은 더 흐릿하게
하얗기만한 것이
이 모두 사람의 손으로
쌓아올린 것이 아닌가

안 보이는 땅 속도
거미줄 길일 것이고
그렇게 만들기까지
그 시간이 얼마인가
저 것이 개발이고 발전 했다는
그 비싼 집이고 높은 건물일까

그 다음은 무엇인가
지금 우리가 무엇을 먹고
무엇으로 불 피우나
못 믿을 기후 변화
잃어버린 식량 안보
깨스 석유 언제까지
그 미래는 있는 것인지

어머니의 꽃

흰 구름의 오월이라
이맘때의 찔레꽃도
그맘때의 해당화도
모두가 고향의 꽃이었는데

하나는 친정 섬 꽃
또 하나는 이 집 오던 날
그 눈물의 굴바구니에 담아
보리밭에 묻어었고

아직도 에미 품안
내 아이들이 그 꽃을 알까
그 나부끼는 보리밭
오늘도 저무는구나

찔레꽃의 하늘

봄날이라
집 울뒤 텃밭 둑
냇둑으로 기슭으로
오늘의 봄날이
그 봄만이나 하겠나

꽃들도 이 꽃 아닌
그 꽃으로 가득 했고
가슴 속에 새기던 꽃
그 꽃 보며 냇물 떠
그렇게 목 축였다

그 찔레꽃의 먼 고향
나부끼던 보리밭
그 워낭 소리 들리는 듯
주고 받는 송아지 울음
지금도 들려 온다

꿈 속의 꽃

그 흔했던 고향의 꽃
어느 곳 어디인들 안 피었을까
때 되면 피려니 그저 그랬던 꽃
잎 떼어 한 입 먹기도 했고
꺾어 쥘만큼 아름답기도 했다

그렇게 하기만 했나
꽃물 들었다 손 털고
귀찮다 걷어 내고
논 밭둑 넝쿨의 꽃은
낫으로 베어 두엄에 던졌다

때로는 곡식 더 얻으려
갈아 엎으며 뽑았고
밟히면 밟히나 보다
관심 또한 없었다
보는 눈에는 보였을까

눈 밖에서 피던 그꽃
그 고향의 꽃을 왜 몰랐던가

이제 와 보겠다
부끄러운 마음일까
그 철 따라가 아닌
가슴 속에 피는 꽃

지금에 와 예쁘다 하는 마음
무엇이 가렸었나
미안한 고향의 그 꽃
찔레꽃부터 아카시아
그 옛날로 다시 가자
쓰린 가슴 더듬는다

하얀 구름

그 사연 모으느라
저리 느리 흐르는지
보는 하늘 그렇게
옛날 처럼 파랗고

그 본듯한 조각 구름
길쭉하니 저 구름
그 힘들때 바라보던
그때 그 구름일까

산마루에 앉아
마음 없던 날
산자락의 그 보리밭
그리 나부꼈었지

힘들어 다시 보면
바람이 더 눕혔고
그 흘러온 하얀 날
저 구름이 지운다

앞산의 그늘

바꾸어 본 그 길도
지금의 이 길도
맡겨진 운명의 길
어디로 가고 있나

하루가 다른 주름
산 꼭데기에 걸쳐지고
빠진 니에 감기는 눈
석양 빛에 눈물난다

어제 밤 꿈 그 단몽
무섭기도 무서운 밤
뜬 눈에 뭉쳐진 몸
그 먼동이 길었던가

아침 나절 점심 나절
넘는 해에 묻어 넘고
바라보는 저녁 끼니
그 단몽이 두렵다

스승의 하늘

교육장 안 그 모습
얻는 것도 교육이요
잃는 것도 교육이다

스승의 그 회초리
누가 꺾어 버렸나

다음은 무엇인가
맛 가리는 학교 급식
잃어버린 도덕 윤리

도시락도 교육이요
체벌도 교육이다

그 기계가 다 알까
한 글자에 눈멀고
두 글자에 잃은 잣대

스승과 제자의 눈
무엇을 바라보나

고향의 시간

정 많은 고향의 시간
기쁨과 눈물이 오고 갔던 시간
시계 있는 집이 몇 집이 되었을까
그저 하늘만 흐린 날은 그 집에가 물어 보았고
시계도 볼 줄 몰라 쯤으로 가늠 했다

이 모두가 고향의 시간
누가 알고 모르는 그 세월인가
밝아서는 그림자 밤이면 달과 별
아니면 가축과 꽃 몸으로 느낀 시간이었던가
바쁜 하루 빠른 일년 그 잠 다 못 잤고

절기 마다 무렵으로
그 때와 쯤은 자라는 곡식으로
숫자 없는 한 해의 그 시간이었나
량으로 보는 그냥 그만큼에도 시간이 섞였고
색 없는 바람도 시간 묻혀 알려 주었다

빗방울

어려서 내리는 비
옷 젖으니 좋을까
보자기 안 책 젖고
말릴 옷에 젖은 신발
춥기는 왜 그리 추웠던지

그러더니 어느날
그 귀찮음 멈춰지고
더 많이 더 내리기를
옷과 몸이 아니라
마음이 젖고 싶었는데

이제는 그 마음도
아이 처럼 젖는 옷도
이것도 저것도
그 마음 다 어디에
어디로 갔는지

추녀 끝 낙숫물만
하염 없구나

녹는 시간 그 세월
더 무엇이 녹을까
꿈 같은 지난 날 너무 짧구나

고향의 일기

추우면 추운대로
더우면 더운대로
하루 일 년 날마다
바쁘지 않은 날이
어디에 있겠나

밀리면 겹쳐지고
겹치면 때 잃는 일
게으름의 농사일
더 늦어져 흉작 되니

아이 어른 할것 없이
망령의 할머니까지
지팡이 쥔 할아버지는
잔소리로 나서야 하고
학교 가는 우리들은
조퇴를 해야 한다

그렇게까지의 때 맞춤
씨앗 넣고 심는 시기의

그 들녘의 하루인가
절기 앞 뒤의 사나흘
때 맞춰라 재촉 한다

추워도 해야 하고
더워도 해야 하는 일
명절때나 그 며칠
그날도 나름대로
손님 맞이에 바쁘다

이 모두 마음이 편안 해야
쉼이 되어 쉰다고나 할까
바쁜 하루 빠른 내일
그 시절의 밤과 낮
흙에 묻힌 그 짧은 날
그런 하루의 고향이었다

석양의 시간

인생
돌아보면 아무것도
많다 하는 그 시간이
이리 짧을 줄이야

피어 지는 꽃 한 송이
그 시간이 길었던가
누가 나를 여기에
이곳에 데려 왔나

저무는 운명의 길
서산에 걸쳐지고
그 운명 거두는 해
지난 시간 물들인다

오월의 언덕

연두빛의 산과 들
더 파랗게 파랗게
이제 시작 되는
초여름의 내일인가

고요의 물소리
가녀린 새 울음
시간 씻느라 저리 흐르고
짝 찾느라 그리 우는지

오른 언덕 아래로
스치는 그 옛날
몇 조각 흰 구름만
눈에서 멀어진다

장미의 담

라일락때 그 몇번을
다시 찾은 담

이번에는 붉은 꽃으로
넝쿨 마다 탐스럽고
서로가 예쁘다 하니
어느 꽃에 눈길 줄까

트일 듯한 봉오리
꿈의 봉오리

내일이면 모은 꿈으로
더 예쁘게 트여질까
라일락은 그 향기로
이 장미는 봉오리로

이맘때면 지나는 담
발길 멈추니

다음 다시 찾아야 할 담

마음 변치 않을런지
아쉬움에 돌아선 담
여운의 길 더 저문다

망향의 노을

뒷산 마루의 그 마음
다시 굳힌 그 마음이
여기에 데려 왔나

안 찾겠다 안 오겠다
다짐한 고향 땅
무엇이 서운하여
그 마음을 먹었던가

나부꼈던 보리밭
그 언저리의 하얀꽃

못 잊을 그 하얀
이웃 동생의 찔레꽃이
보고 싶구나

석양의 바다

노을이 버리고
어제가 잃은 옛날
무엇이 더 남아
여기에 왔나

파도 처럼 부서진 날
모으고 모으니
그렇게 모은 마음
다시 부서졌다

뽕나무의 꿈

삼월이라 사월
맞이한 오월도 기울어가고
송홧가루 거둔 언덕
아카시아꽃 날린다

아카시아꽃 끝으로 다가올 초여름
며칠의 오월로 마지막 봄이 될까
앞산 기슭의 뻐꾹새

그 뻐꾹새 찾아 오면
텃 밭둑 뽕나무에
오디 검게 익을 것이고
팬 보리 아직은 아니어도

양지녘부터 다르게
보릿고개의 초여름이 되겠지
떠나는 봄 뽕나무의 초여름
아련한 옛날 그날로 데려간다

아가의 그날

오디는 아직 먼데
어느새 뻐꾹새가

아가야 울지 마라
저 팬 보리 영글면
맘마밥 해줄게

하얀 구름

철 따라 그려 주는 구름의 그림
봄이면 그렇게 산 넘으며 그렸고
여름날 바닷가의 그 뭉게 구름
노을까지 얼마나 아름다웠나

더 높은 가을의 하늘
밤이면 수수밭 위 보름달 숨겼고
겨울은 안 그런가 추워라 더 추워라
그 양지녘 바람까지 몰고 왔었지

고향의 동무들

저무는 이 오월
찔레꽃 지우며
그렇게 떠나야 하는지
얼마 전 며칠인가
보리 패는 것 같더니
뻐꾹새 앞산 찾아
보리밭 바라보고
바라보기만 했나
가재의 가슴에서
울기도 했지

보내야 할 오월
찾아온 초여름
동무들 모르게
얼마나 바쁠까
냇가에 봇물 가득
모내기의 논 기다리고
울 밑 앵두 뽕밭의 오디
오월이 건내어 준
동무들의 꿈인가
고향 동무의 하루가 저문다

• 3부 •

호롱불의 오월

그 세월도 저만치
호롱불 처럼 가물대고
돌아보는 그 옛날
연줄에 매달린다

들녘일에 늦은 집
어두컴컴한 어두운 집
집안 안팎 마루로
어디인들 밝을까

방 마루에 등잔불
부엌 문간은 유리등불
통성냥 찾는 저녁
또 하루가 저문다

고향의 어른

계절 같은 인생
누구의 그 나이가
제자리에 머무를까
이 오늘에 와 있듯
다 그럴 것인데

전해들은 고향 소식에
이웃 어른 다 안 계시고
한 두어른만 남아
열 손가락 열 번을
접고 계시다 하는데
남은 손가락이 몇 번이나 될까

그렇게 야단 하던
호랑이 같던 어르신들
때로는 칭찬 하며
위로 했던 어르신들
누명의 아닌 것에
서운 했던 어르신들

우리들 싸움이
어른 싸움으로 번졌던 날
누구의 잘못이고
누가 잘 했을까
이웃 집 잔치에
즐거워 했던 어르신들

상여꾼으로
상여 메고 가던 날
장난기 서린 어르신의 모습들
품앗이에 이웃 걱정
서로 돕고 도우며
함께 했던 어르신들

철새의 그 교훈을 잊으셨던가
느티나무 그늘 아래
접는 부채에 접혔던 세월
이 모두의 지난 날 노을에 젖는다

징검다리의 오월

길것만 같던 오월
처음은 길었는데
이렇게 짧은 것을
내딛는 징검다리

물 소리는 같은데
그 돌이 아니었다
색깔은 안 그럴까

산기슭 뻐꾹새만
변함 없는 옛 울음
들 뽕나무 찾는 길
옛 생각에 젖는다

외로운 유월

뒷산에 소쩍새
앞산마루 뻐꾹새
하루 건너 날마다
그리 울어야 하는지

비라도 내리면
그 울음 멈추고
마당 끝 앞 논에
개구리의 울음

그 논뱀이 귀퉁이에
맹꽁이는 안 울을까
뽕나무 위 청개구리도
밤새워 울었다

오월의 그늘

떠나는 이 오월
내년을 기다리며
보내야 하는지
미련에 아쉬움
찔레꽃에 묻어 넘고
고향 찾은 뻐꾹새
보리밭 내려 본다

모내기

반 년 딛는 또 한 달
엊그제의 삼 사월 봄이라 했나
앞산 기슭 뻐꾹새 고향 찾아 울고
모내기의 들녘 워낭 소리 지친다

모 서너포기에 쌀 한 줌
논 귀퉁이 마다 빈 자리가 있을까
일하기 싫은 아이들 뽕밭으로 내뛰니
잔심부름에 이 많은 모 누가 다 내나

때 잃어 늦게 내면
쭉정이 많아 싸라기가 될 것인데
이 바쁜 모내기의 들녘 아이들 말 안 듣고
논마다 바쁜 일손 누렁이 소 가엾다

유월 하늘

역사의 유월
누가 보는 우리의 역사인가
누가 아는 민족의 아픔인가
총뿌리 겨눈 남과 북
우리 민족 무엇 하나

그어놓은 선 넘어
북녘 철새 날아들고
남녘 구름 북으로
누가 바라보아야 할
구름 철새의 자유인가

아~ 민족이여
우리 조상의 피와 땀
그 보답이 이 모습인가요
저 녹슬은 기찻길
더 녹슬면 어떻게 하나

초가의 유월

앞 산마루 뻐꾹새
어젯 밤 그 소쩍새
그렇게 울더니
오늘은 뻐꾸기가
떠나질 않네
띠 구름도 점심내내
끊기질 않고

이러다 비 내리면
불 집힐 짚 눅눅하고
뒷곁 울 뒤 뽕나무 위
청개구리가 얼마나 울까
아침내 비 개이고
저녁 달 오르면
앞 논의 개구리도
그렇게 울 것인데

애국의 두 모습

이대로는 안 됩니다
그리 해서도 안 됩니다

나라가 있어야 부자도 있고
나라가 있어야 가난도 있습니다
나라가있어야 네 것도 있고
나라가 있어야 내 것도 있습니다

부자의 경쟁 속에 무너지는 젊은 청춘
그 젊음 내일도 희망도 없습니다
저출산에 이유가 있었지요
돋보기로 본 산업 현장의 그 모습

인건비 줄이여 위탁 용역 하도급을 주었고
그 위임 받은 중소기업 업체는 최저 임금으로 겨우 목숨만
그 임금의 외국인 근로자는 그 나라의 큰 돈이니
열심히 더 열심히 벌어가고 있습니다

그러는 우리 나라는 그 임금에 저출산
국민이 줄어드니 나라의 모습이 어떻게 되겠어요

씨 마르는 우리 민족 아니 줄어드는 우리 국민
아직은 아니어도 어느 순간 갑자기 모래성이 될 것입니다

훗날 나라의 세금을 누가 낼 것입니까
훗날 누가 총 칼 들고 이 나라를 지키겠습니까
훗날 일 해야 할 산업 현장은 어떻고요
병드는 사회 복지는 빛 좋은 개살구의 격이 되겠지요

둥지 없어 거리로 내앉는 국민들
때 잃는 젊은 청춘들 그냥 늙어 가고 있습니다
어르신들 쪽박 차고 힘든 하루 하루를
그 어르신들 그 어려운 시대에도 자손 낳아 길러 주었으니
오늘날 그나마 우리가 있었겠지요
나라 세우기에 기여한 우리 부모님들 고생 많으셨습니다

지나간 과거 그 상처에 비춰진 애국 보다
이제 더 중요한 것이 있다면 앞으로가 더 큰 문제 입니다
큰 나라 틈 작은 나라 그것도 반쪽 나라
우리 나라 이 나라의 미래가 걱정 됩니다
아직 늦지 않았습니다 늦지 않았습니다

유월의 셈

봄부터 모내기까지 얼마나 바빴나
벌판 아닌 다랑이논 손질할 것 많았고
가래질에 못자리 만드느라 그리 바빴었는데
때 잃을까 바빴던 날 품앗이로 보낸 봄
고추모에 모내기 끝났으니 그 며칠 쉼이 될까

그래도 남은 보리밭 하루가 다르게 영글어 가니
보람스런 마음이어도 논을 보면 걱정이 된다
날씨가 잘 따라 주어야 하는데
장마에 떠밀리고 바람에 쓰러지고

언제인가 그해 같이 그런 흉년 오면
절반의 수확에 일 더 많아 품 사야 하니
고된 이 몸이 그 많은 일에 잘 따라 줄지

어머니 병환도 그렇고 얻어야 할 장려쌀
한편으로는 청혼 들어오는 큰 아이
마음 편안한 날이 언제 오고 그날이 언제인가
둘러보는 논둑 나절 산 그림자에 가리고
저녁 뻐꾹새 날 저문다 집으로 가라 한다

유월의 그날

일제에 맞섰던 날 6.25에 그리고 월남전 파병
우리의 역사는 그렇게 흘러 갔습니다
민족의 피 거둬 그렇게 갔습니다
보릿고개의 그날도 유월이었습니다

철새 날아들던 날
그날은 이 유월이 아니었을까요
뽕밭의 어머니 내 아이가 보고 싶어 웁니다
부족함에 키운 아이 오디 한 줌 따 먹이고 싶고요

뻐꾹새 울면
어느 기슭에서 울고 있나 찾아 보았던 어머니
그 해 여름 논 가운데 뜸북새의 그리움인가요
그러나 어머니는 내 아이의 목소리를 끝내 듣지 못했습니다

외로운 뜰

뜨락의 방초꽃
잎 여미어 잠들고
집 짓는 까막개미
흙 물어 올린다

개미만의 그 시간
댑싸리 밑 풀이파리
그 시간을 아는 듯

그 긴 하루 멀던 세월
이제 짧고 가까운가
추워 내린 옷소매
흰 고무신 찾는다

구름의 마음

손으로 가린 먼 하늘
그리움 없어지고
머리 위 파란 하늘
외로운 구름 흐른다

언제인가 그 하늘
이맘때인가
그리움 멀어져
머무는 듯 산 넘던 날

넋 잃은 손 내리면
다음 구름 들어와
그 어느새 바람 따라
눈에서 멀어졌다

텃밭의 유월

봄이라 하던 때가
엊그제였었는데
그 봄이 언제 어디로 갔나
샛대문 밖 텃밭 그늘
아침 나절 비켜 서고
이것 저것 심은 채소
잘도 자라는구나

상추에 쑥갓 시금치 부추
고추 포기 밑 씨 뿌린 열무
엷드란히 하루가 다르고
옥수수에 참외 수박
심은 감자 삭으니
마늘은 안 뽑을까
자라는 오이 손마디에

뿌린 팝씨 실파 되니
이 손으로 모종 해야 되겠지
많지는 않아도 모종에 뿌린 씨앗들이니
누구 거둬 먹이려 이 부지런을 떨었나

없는 살림 그 살림에 그렇게 기른 아이들
덥다 하는 그 초 중복 날 이 에미 보러 오려나
할미 찾을 손주 놈들 보고 싶구나

문간방의 노을

그 아이의 노을을 누가 바라 볼까
관심 없어 외면하고 구박 했던 사람들
누더기에 신은 신을 구경으로 보던 이웃
지금 그 이웃 누가 구경 하고 있나
엄마 등에 업혀와 문간 방에 얹혀 살고
허기에 엄마 따라 밥 얻었을뿐인데

그것이 죄라면 더 큰 죄가 또 있나
침 뱉고 괴롭히고 없음 여김의 이웃들
지금의 그 이웃들 어떻게 됐나
어린 가슴에 남겨진 앙금의 그날
냇둑 길 멀리 그 하루가 저물었고
언덕 없는 보릿고개의 노을
그 어린 노을 더 붉게 물들어었다

유월의 꿈

여름 문턱의 초여름
아침 저녁으로 선선하고
한낮은 복날 처럼 음지어도 땀 난다
후덥지근 하지 않아도 뜨거운 여름
오는 복날 그 여름 얼마나 무더울까
내려 앉는 밤꽃 향기 집 안으로 들어오고
냇가에 아이들 돌 들춤에 즐겁다

저 밤꽃 떨어지면 산 딸기 찾을 아이들
이제 며칠 있어 산딸기가 매달릴까
탐스런히 이곳 저곳 꿈 안은 아이들
우선 작년에 많었던 곳 그곳 들릴 것인데
소문 나면 어떻게 하나 누가 따지 않을까
돌 들춤에 즐거워도 혼자만의 그 마음
다음에 찾을 그곳 벚나무부터 훠어 본다

초가의 계절

눈 덮힌 지붕 위
저녁 연기 피어 오르고
밤 새우는 부엉이의 밤
그렇게 깊어 갔다

그 며칠 삼월이라
담 밑 난에 숨은 봄
장독대가 알리는 듯
소쩍새의 먼동에
제비 날아 들었고

앞 뒷산 울긋 불긋
뜨락의 봄바람인가
툇마루 양지에 졸음 불러
그 많은 꽃 다 지웠다

보릿고개 언덕 넘어
찾아온 뻐꾹새
궂은비에 슬피 우는
논 가운데의 뜸북새

옥수수꽃 떨어지니
어느새 옷 얇은가
아침 저녁 앞 세워
숨어 부는 찬 바람

수수밭 위 기러기
달빛 따라 떠나더니
우물둥치의 매화 단풍
그 시간을 덮는다

우리 섬

얼마만에 스치는 나 자란 섬
저 작은 섬이 이 나의 섬이였었나
그렇게 들린다 하면서 못 들렀었는데
아직 누가 돌담 길 해당화꽃은 그대로 피는지

저 한참 어머니의 갯벌일 것이니
그때 처럼 밀물 들어 오면 안 보일 것인데
누가 얼마나 저 갯벌을 딛었을까

바위 아래 이 쪽으로 더 내려가면
굴 따 모으던 어머니의 바위 나오고
그 윗쪽 모래뭇은 나 모래성 쌓았던 곳인데
가 보면 그 모래성 그대로 있을까

안 들려도 들리는 듯 들려 오는 파도소리
썰물 따라 가버린 날 언제 돌아 오려나
멀어져도 나 자란 섬 어머니가 부른다

옛 생각

등불 밝힘의 그날들
다라이에 빨래 가득
빨래터 가는 어머니
앞산 기슭 뻐꾹새
저녁까지 울었고

저물었던 빨래터
누가 마중 나올까
어머니가 부르는
뺀질이 언니 대답 없고
빨래터의 하늘만
붉게 물들었다

파란 하늘

눈 높이로 보는 하늘
그 하늘은 날마다
그저 그러려니 그렇게 보았는데

고개 들고 보는 하늘
머리 위의 그 하늘은
나도 모를 마음이 든다

밤하늘은 안 그럴까
어두운 밤이면
휴식겸 한 번쯤으로

어쩌다 깊은 생각에
머리 위로 올려 보면
밤과 낮의 그 하늘들

이 모두 사람의 마음인가
아니면 하늘의 교훈인가
처음 보는 것 처럼 모두 새롭고

구름이라도 지나 가면
또 다른 마음
눈 높이의 그 먼 하늘

머리 위의 그 하늘도
하늘은 그렇게
마음을 움직였다

• 4부 •

추억의 뜰

못 잊을 기억에 피어난 꽃 송이
누구의 눈 시울에 이슬이 될까
아름다운날 보다 더 예쁜 꽃으로
이제 그마저 지워야 하는 것인지
미움에 멀고 그리움에 가까워지던 날
옛 하늘그 하늘에 구름 되어 산 넘는다

옥수수밭

뒤란 문밖 옥수수밭
이리 저리 쪼르라니
봉지의 것 넣었더니
어느새 저만큼
많이 자랐구나

대청마루에 매달아
때 맞춤에 넣은 씨앗
늦으면 될까
일러도 않되는 시간
오이씨도 서너군데

이제야 제 모양새
잎 비벼대는 소리
고요한 뒤란 텃밭
점심 나절 지나는가
오늘도 그 소리 변함 없구나

유월의 마음

그 하얗던 들녘이
이리 파래지는 것을
덮인 눈이 언제 녹나
지나 보니 짧은 날

봄날은 안 그런가
몇 번 보는 꽃으로
뚜렸한 기억 없이
하루 하루 지냈고

며칠새 얇아진 옷
이제 더울 여름인가
아직은 아니어도
얼마나 뜨거울까

뻐꾹새 찾아온 날
벼 포기 더 벌어지면
그 다음은 뜸북새
그때는 칠월 더 덥겠지

들풀

작은 바람에 흔들리고
큰 바람에 누워야 하는 날
바람 없는 날이 언제 있을까

적은 비에 적시는 뿌리
많은 비에 패일 걱정
그래도 비 안 온다
어떻게 말을 할까

그렇게 지나온 날
찬 서리라도 내리면
이 것도 저 것도
다 아닐 것을

텃밭의 석양

하루가 다르고
이틀이 다른 유월
바람도 그렇게
저녁이면 시원하고
모내기의 들녘
벼 포기로 덮힌다

텃밭은 안 그런가
넣고 심은 씨앗 모종
언제 저리 자랐나
매달린 오이 고추
된장에 반찬 될 것이고
애오이는 냉국으로
열무는 물김치로

시간 속에 숨은 유월
칠 팔월이 멀던가
기슭의 뻐꾸기
뜸북새 부르고
저녁 나절 옥수수밭
노을빛에 물든다

고향 집

우리 초가의 둥근 박
겨울밤 그 가을밤을
어찌 잊을까

봄이면 울 밑 양지
병아리 떼의 나들이
흩어져 있는 사금팔이

복숭아 앵두 살구
담 밑에 돋은 난초
장독대의 매화꽃

우물 안 깊숙히
두레박 내리면
그 안에도 구름 흘렀고

여름날 그 여름밤
별자리 맏는 밤
모깃불에 댑싸리

해 떨어진 마당 끝
그 붉게 타오르는
저녁 노을도 있었다

고향의 하늘

타향에서 늙은 몸
고향이 있겠나
뒷동산에 올라
마지막으로 본 동네

보이는 곳 눈에 넣고
들리는 산새 울음
귀에 담아 내려오던 날
무슨 인생을 찾겠다
밤 열차에 몸 실었나

무일푼에 쥔 것 없어
다리 밑 골목집 움막으로
그런 곳이 서울이고
그 인심이었단 말인가

얼음 보다 더 차가운
허기진 운명의 길
어둡기도 어두웠고
춥기도 추웠다

양지 볕에 열흘 뎁혀
하루 열흘 지내던 날
이제는 아련히 너무 먼 옛날
늙음의 세월 만큼이나
주름 잡혀 희미 하고

마지막 본 고향 땅
그 고향도 가물 가물
수수밭 위에 올려진다

여름 들녘

걷는 길 뜨거워
그늘에 비켜서니
나무 한 그루의 고마움
불어 오는 바람일까

나부끼는 벼 포기
잔물결 이루고
하늘의 흰 구름
들어오고 나간다

뜸북새의 파란 들녘
산자락 밑 원두막
그 곳도 여기 처럼
바람 불어 시원 할까

저녁이면 더 시원히
저녁 바람 불것인데
해 떨어져 노을지면
노을 길 되겠지

마음의 뜰

이리 짧은 것이
시간이고 세월인데
멀기만 했던 그 내일
그 내일이 오늘인가

모으는 기억에
묻어간 세월
먼 하늘 바라보며
구름 위에 얹는다

여름 꽃

그 흔하게 피는 여름 꽃
냇둑으로 들길로 산자락 밑 밭둑으로
어쩌다 가재 잡이의 골짜기에 오르면
그 곳도 띄엄 띄엄 예쁜 꽃이 피었었지

모르는 이름의 그 예쁜 꽃들
소녀의 머리 빗은 듯 날리는 억새풀
그 많은 꽃 이름을 어찌 다 알 수 있을까
모두 다 모아 고향꽃이라 부르고 싶다

그리움

멀 수록 가까운
우리 아름다운 날
운명은 달라도
마음은 아니었다

몇 번을 잊는다
다짐한 어제
무너진 그 다짐
어디에 숨었나

흰 구름 위 올려 보는
우리 아름다운 날
그 모습 못 잊어
옛 노을 찾는다

심부름 길

늘 다니는 행길가
학교 갔다 집에 오는
다닐 수록 더 먼 길
조금 더 가까운
샛길로 다닐까

들녘의 심부름도
이 길이면 더 멀었고
투정의 엄마 마중
그날은 엄마의 보따리에
상상으로 더 멀었다

오늘은 가까이
더 가까운 샛길
샛길 찾은 여름 길
언덕 아래의 파란 들녘
얼마쯤 내려 가니

몇 두렁 심어 놓은
노란 참외밭

옆으로 수박밭 위
오이 올린 오이밭 나오고
귀퉁이의 서너 포기
가지 두렁도 있었다

뜸북새의 하늘

외로운 가슭
뜸북새의 고향
다랑이논에 그 울음
초가까지 들렸고

장터길 언덕
흐르는 흰 구름
그 구름 꼭꼭 숨은
논병아리 찾았었다

노을 길

해 떨어진 저 하늘
누구의 노을일까
둘만의 그날 처럼
더 붉게 물들고
바라보는 그 옛날
하나 둘 없어진다

고향의 칠월

문간 바람의 칠월이라
툇마루 끝 그늘 드니
바람 불어 시원구나
보이는 댑싸리
잘도 커가고

눈 마주친 누렁이 개
뭐나 줄까 그러는지
생각 깊은 누렁이
오는 복날은 아나
줄 풀어 놓으면
좋아 달겨 들것인데

샛대문 밖 그 잠깐
옥수수잎 비벼지는 소리
하늘도 점심 나절
뭉게 구름 더 하얗고
저녁이면 저 구름
얼마나 붉게 물들일까

한 나절의 뜸북이
작년에도 저리 울던데
거르지 않는 뜸북이
이 칠월의 끝자락
그 시간이 얼마나 될까

활개 짓에 오는 닭들
어찌 그리 때를 잘 찾고
수탉 울음 서너번에
이 하루가 짧구나
밀짚 피우는 저녁연기
오늘도 멍석 위
마당 밥상이 될는지

해당화 언덕

지나는 이 바라보는
서녀섬 중 이곳
그저 먼 섬이려니
이 언덕도 보았을까

해당화 언덕의
이 작은 섬
해당화의 그 외로움
파도에 휩쓸렸고

파도 소리 처량한
별 모으는 밤
소라의 그 꿈도
파도 따라 가버렸다

여름 인생

풀이파리에 흔들리는 마음
나도 모를 이 마음 무엇을 바라보나
그늘 시원히 바라보는 이파리
소스라쳐 눕다 다시 일어나고
일어나 다시 몸부림 치는 저 이파리

바람 불면 부는대로
가뭄에 비 오면 비 오는대로
처음도 비 바람에 저리 시달렸을까
씨앗 하나 잃을새라 매달린 세월
이제 그 세월도 절기 따라 넘는구나

아내의 길

먼 발치의 저 아줌마
저 아줌마가 나의 아내였나
걷는 모습으로는 그런데
옷 차림으로 보아서 아닌 것 같고
후줄근하니 어디를 다녀 오는지

나갈 때는 그렇게 찍어 바르고
옷 차림도 나름대로 모양 냈었는데
이제 그마저 다 내려 놓았는지
후줄근한 옷 차림으로 어디를 다녀 오나
두리번 두리번 남의 집 구경에
뭐 사지도 않으면서 상점은 왜 둘러보고

그 투정 못 받아줘 싸우기도 많이 싸웠는데
툭하면 친정 집에 며칠씩 묵어 오고
이제 그마저 늙은 친정 어딜 가나
아이들 다 컸으니 부끄러울 것이고
오고 갈때 없는 몸 수다 떨때는 있는지

운명이려니 내 팔자야 살아온 아내

처음부터 보였다면 나 하고 살았을까
그 가슴에 원망과 탓 어디에 묻었나
나 아닌 다른 인연도 있었으련만
잘 나가던 그 처음 세월에게 빼앗긴 아내
이 몸 역시 그래고 싶어 그런 것이 아니였는데

노동자의 노을

하루가 빼앗는 청춘의 미래
내일도 없고 희망도 없다
둥지 없어 빌린 둥지 얼마나 더 오를까
아이 갖고 싶어도 갖을 수 없었고
효도 하고 싶어도 할 수가 없었다

부자도 싫다 될 수도 없고
그저 몸뚱이 하나 불 태우는 하루
병들면 누울 둥지 그 둥지 하나 얻어
갖고 싶은 내 아이 내 아이 낳아 길러 주고
나 길러 준 부모님 부모님 걱정 덜고 싶다

여름 동무

메꽃에 어리는 내 동무들
그때는 메꽃을 나팔꽃이라 했었지
보릿고개였어도 즐거웠던 날
냇가로 들판으로 안 다닌 곳이 어디에 있겠나

빤쓰에 나닝고떼기 하나 걸친 우리들
살 새카마니 깜뎅이라 서로 놀렸고
물놀이에 물빤쓰 물빤쓰는 입었어도
젖은 나닝고는 바위 위에 펼쳐 놓았었지

계집애들은 젖은 옷 물벼락에 그대로 집으로 갔고
물 끼얹진 물벼락에 울고간 이웃 여동생들
그 다음은 혼날 차례 얼마나 걱정 됐나
그래도 개구리잡이에 꾸러미 들고 뛰었던 들판

지나는 길 기웃 기웃 원두막의 누나들
보릿짚으로 엮는 그 여치집 그리 예뻤었는데
누나들의 여치집 지금도 그 원두막에 매달려 있는지
여름날 그 여름날 노을의 저녁 더 붉게 물든다

초가의 뜰

초판 1쇄 발행 2023년 8월 14일

지은이 이원문

펴낸이 임병천
펴낸곳 책나무출판사
출판신고 2004년 4월 22일 (제318-00034)

주소 서울시 영등포구 신길3동 325-70 3F
전화 02-338-1228 **팩스** 0505-866-8254
홈페이지 www.booktree.info

ISBN 978-89-6339-720-7 03810